Sina Nuêmo

Beziehungshoroskop - Psychologische Analyse einer Ehe

Sina Nuêmo

Beziehungshoroskop - Psychologische Analyse einer Ehe

Der Stoff, aus dem die Träume sind

Goldene Rakete Verlag für Belletristik

Imprint

Cover image: www.ingimage.com

Publisher:
Goldene Rakete Verlag für Belletristik
is a trademark of
International Book Market Service Ltd., member of OmniScriptum Publishing Group
17 Meldrum Street, Beau Bassin 71504, Mauritius

Printed at: see last page
ISBN: 978-620-2-44450-7

Inhaltsverzeichnis[1]:

[1] Vgl. Liz Green und Astro*Intelligence AG.

I. Was Sie zu einander führt

1. Ein erster Blick

i. Die Freude am gewöhnlichen Leben

Sie sind ein realistischer Mensch mit einem starken Bedürfnis nach Stabilität und der Bereitschaft, sich das zu erarbeiten, was Sie im Leben erreichen wollen. So fühlen Sie sich wahrscheinlich von der vernünftigen Lebenseinstellung Ihres Partners sehr stark angezogen. Er gibt Ihnen ein Gefühl der Sicherheit und Geborgenheit und bietet Ihnen auch die emotionale Wärme und Feinfühligkeit, die Sie brauchen. Da Sie sich beide kaum Illusionen über die zum Aufbau einer stabilen Beziehung nötigen Anstrengungen machen, können Sie sich auch im gewöhnlichen Alltag sehr viel gegenseitige Unterstützung bieten. Doch da Sie beide auch sehr vorsichtige Menschen sind, stellen Sie vielleicht fest, dass Sie Ihre gemeinsame Lebensweise zu eingeschränkt gestalten und es dadurch schwierig wird, Gewohnheiten und Verhaltensmuster zu durchbrechen und spontaner und abenteuerlustiger zu sein. Jeder von Ihnen wünscht sich vielleicht insgeheim, der andere würde die Romantik, Vielfältigkeit und Aufregung herbeizaubern, die Sie zwar beide ersehnen, aber auch wegen Ihrer unwillkürlichen Angst vor dem Chaos unbewusst vermeiden. Wenn Sie zu viele Pflichten übernehmen, ärgern Sie sich vielleicht allmählich darüber, einfach als gegeben hingenommen zu werden – doch wahrscheinlich hat Ihr Partner genau das gleiche Gefühl. Deshalb sollten Sie beide lernen, sich gegenseitig mehr zu Spiel und Entspannung anzuhalten. Wenn Sie Ihre eigene kreative Phantasie nicht entwickeln und ausdrücken, ärgern Sie sich vielleicht auch über jede Anstrengung Ihres Partners in diese Richtung; wenn Sie aber mehr kreativen Beschäftigungen nachgehen, bekommen Sie es vielleicht umgekehrt mit seinem Groll zu tun, weil er sich belastet und gefangen fühlt. Auf diese Weise können gerade die Ähnlichkeiten in Ihrem Wesen, die Sie einander so zugeneigt machen und Ihnen die Möglichkeit zu so großer Stabilität geben, gegen Sie arbeiten. Doch wenn Sie sich beide bemühen, etwas mehr Chaos und Unberechenbarkeit in Ihrem Leben zuzulassen, können Sie sich einer gemeinsam aufgebauten, soliden Verbindung erfreuen.

2. Gefühle und Leidenschaften

i. Eine Vorliebe für das Besondere

Ihr Partner sieht etwas Optimistisches und Abenteuerlustiges in Ihnen, das seine Zuneigung und Bewunderung erregt; Ihr warmherziges und großzügiges Eingehen auf ihn gibt ihm das Gefühl, geliebt und glücklich zu sein. Sie können sich gegenseitig inspirieren und zum Lachen bringen und stimulieren auch die Phantasie und das Bedürfnis nach umfassenderen Horizonten beim anderen. In Ihrer Anziehungskraft aufeinander gibt es sowohl ein romantisches Gefühl als auch eine Art gegenseitiger Anerkennung auf der spirituellen Ebene, die sehr heilsam für Sie beide ist. Die Fähigkeit Ihres Partners zu unerschütterlicher Treue und Genügsamkeit regt Sie an und inspiriert Sie, wogegen Ihre Wertschätzung körperlicher Schönheit auf sein Herz und seinen Geist wie Balsam wirkt. Der reichlich bemessene Schuss Romantik, Extravaganz und Abenteuer in Ihrer gegenseitigen Anziehung bildet in Wirklichkeit die Oberfläche einer tieferen, erhabenen Verbindung; und dadurch haben Sie beide das Gefühl, dass das Leben trotz allem nicht das Schlechteste ist.

ii. Unstillbare Begierde

Sehr vereinfacht, gefällt Ihrem Partner Ihr Äußeres, und wahrscheinlich wirken Sie sexuell überaus anziehend aufeinander. Vermutlich hat er – direkt oder indirekt – die Beziehung in sexueller Hinsicht begonnen, und seine starke Anziehungskraft bedeutet, zusammen mit seinem subtilen Magnetismus, Energie und Leben für Sie. Die Bewunderung durch Ihren Partner bringt dagegen die natürliche Tiefe Ihrer Gefühle zum Vorschein. Diese unkomplizierte und direkte Seite Ihrer gegenseitigen Anziehung mit ihren Möglichkeiten sexueller Harmonie bildet ein sehr positives Gegengewicht zu allen möglichen Konflikten, die in der Beziehung vielleicht entstehen können; denn wahrscheinlich wird diese starke körperliche Anziehung von Dauer sein.

iii. Stilunterschiede

Die großen Verschiedenheiten in Stil und Persönlichkeit, die Sie und Ihr Partner nach außen hin ausdrücken, erzeugen eine gegenseitige Faszination bei Ihnen, die auch Spannungen und Konflikte in sich birgt. Es gibt einen gewissen Missklang zwischen Ihrer Feinfühligkeit und Ihrer recht geheimnisvollen Entrücktheit einerseits und dem Selbstvertrauen und der Diesseitigkeit Ihres Partners andererseits. Vielleicht lassen Sie sich beide gelegentlich auf bestimmte Vorstellungen ein, so etwa: „Wenn ich ihn doch nur dazu bringen könnte, seine Kleidung, seine Frisur, sein Verhalten auf Parties usw. zu ändern", und das kann zu ziemlich heftigen Auseinandersetzungen führen. In Ihrer Einstellung zueinander gibt es Züge echter Missbilligung, und ganz gleich, wer es wem vorwirft, Sie laufen beide Gefahr, den anderen zu bevormunden. Es kann gut sein, dass Sie und Ihr Partner eine ganze Menge Zeit damit verbringen, sich dem anderen zu erklären; das kann Ihnen beiden helfen, mehr Toleranz zu entwickeln. Doch gerade diese Unterschiede bieten Ihnen beiden eine enorme Anregung, auch wenn sie provozierend sind und zuweilen zu hitzigen Auseinandersetzungen führen. In der kritischen Missbilligung steckt auch viel Bewunderung und eine beträchtliche körperliche Anziehung.

3. Die mentale Ebene

i. Gleich und gleich gesellt sich gern

Sie und Ihr Partner sind sich in Ihren Ziel- und Wertsetzungen sehr ähnlich. Auch wenn Sie noch auf der Suche nach Ihren eigentlichen Lebensinhalten sind, wird Ihnen die Beziehung helfen, Ihre Werte zusammenhängender zu formulieren. Denn obwohl es auf der emotionalen Ebene vielleicht Konflikte gibt, wollen Sie beide doch im Wesentlichen die gleichen Dinge im Leben, und jeder von Ihnen trägt dazu bei, den anderen als besonderen und wertvollen Menschen herauszustellen. Das bildet die Grundlage für eine echte Freundschaft zwischen Ihnen. Obwohl Ihr eigener Wunsch nach Selbstausdruck wahrscheinlich am besten erfüllt wird, indem Sie einen besonders individuellen Weg dafür suchen, wird die Betonung des Verständnisses für die Menschen und das Leben durch Ihren Partner ein harmonischer und hilfreicher Ausgleich zu Ihren Bemühungen sein, sich selbst als Individuum zu definieren. Diese große Affinität in Zielen und Werten mag zwar keine Lösung für andere Dinge zwischen Ihnen sein, denn sie besteht mehr im Geist als im Herzen; doch sie bedeutet, dass jeder ein instinktives Verständnis davon hat, wer der andere auf einer tieferen Ebene wirklich ist – und daraus ergibt sich zwischen Ihnen ein tiefes Gefühl der Anerkennung und des gegenseitigen Annehmens.

ii. Die Intuition erschließen

In der gegenseitigen Anziehung zwischen Ihnen beiden gibt es eine geistige und spirituelle Inspiration, die Sie sehr stark dazu anspornen kann, Ihre Vorstellung vom Leben zu erweitern. Etwas an Ihnen weckt die angeborene Neigung Ihres Partners, das Reich der Ideen zu erkunden; er dagegen bewirkt einen Umsturz in den Bereichen Ihres Denkens, in denen Sie vielleicht engstirnig oder unbeweglich geworden sind, so dass auch dorthin mehr Licht und Hoffnung gelangt. Es gibt auch etwas Unberechenbares zwischen Ihnen, das Sie vielleicht manchmal beide ängstigt: Es ist, als müssten Sie einem größeren Plan folgen, ohne zu wissen, was die Zukunft bringen wird. Doch ganz gleich, ob bei Ihrer Begegnung wirklich eine „höhere Macht" die Hand im Spiel hat oder nicht, Sie beide erhellen und erweitern den Verstand des anderen; Sie eröffnen sich neue Interessen- und Studiengebiete und ermöglichen es sich gegenseitig, sich freier zu fühlen und dem Leben zuversichtlicher zu begegnen.

iii. Eine aufmerksame Zuhörerin

Die Kommunikation zwischen Ihnen und Ihrem Partner fließt sehr leicht und ungehindert. Sie verstehen instinktiv, wie er denkt und sich ausdrückt, und Ihre Bewunderung für seine geistigen Fähigkeiten führt dazu, dass er immer eine aufnahmebereite Zuhörerin findet, wenn er seine Gefühle und Gedanken über das Leben mit jemandem teilen will. Sein Wahrnehmungsvermögen, seinen Feinsinn und seine reiche Vorstellungsgabe sind besonders inspirierend für Sie, während Sie ihm dafür Wärme, Mitgefühl und eine Bestätigung für die Richtigkeit seiner Ideen bieten. Mit Ihrer instinktiven Wertschätzung der verborgenen Seite des Lebens sind Sie in der Lage, das Denken Ihres Partners durch Ihre aktive emotionale Anteilnahme an seinen Interessengebieten zu erweitern und zu bereichern. Sie beide können auch miteinander lachen, denn Sie haben einen ähnlichen Sinn für Humor und finden wahrscheinlich die gleichen Dinge amüsant. Was auch immer für emotionale Konflikte zwischen Ihnen entstehen mögen, der leichte Fluss Ihres geistigen Austauschs bietet die Gewähr dafür, dass Sie stets miteinander reden können.

iv. Schärfen der Sinne

Der geistige Austausch zwischen Ihnen beiden ist sehr intensiv, denn Ihre beharrliche Art, Ihre Absichten zu verfolgen, wirkt sehr anregend auf die Ideen und Ansichten Ihres Partners. Es ist, als ob Ihre Energie seinen Verstand beleben und ihm neue Perspektiven eröffnen würde. Ihnen wiederum hilft seine einsichtige Art, sich selbst zu verstehen und auszudrücken, Ihr Handeln besser zu überdenken und Ihre Energie und Ihren Elan auf Ziele und Interessen zu richten, die seinen Ideen ebenso entsprechen wir Ihren eigenen. Dieses hervorragende Fließen von Kommunikation und geistiger Anregung könnte auch auf gemeinsame kreative Projekte oder gemeinsame berufliche Ziele hingelenkt werden, denn Sie beide helfen sich gegenseitig, realistischer und praktischer in der Umsetzung Ihrer Ideen zu sein; und wahrscheinlich sind Sie beide auch im Streit noch anregend und interessant füreinander.

4. Konflikte und Herausforderungen

i. Zwiespältige Gefühle

Ihr Partner bewirkt recht zwiespältige Gefühle bei Ihnen. Sicher verspüren Sie Zuneigung und Bewunderung und auch ein stark beschützendes Gefühl für ihn, und deshalb wollen Sie ihm Unterstützung, Hilfe und Anleitung geben. Doch wahrscheinlich fühlen Sie sich – bewusst oder unbewusst – manchmal auch scheu oder unbeholfen gegenüber dem, was Sie als seine überlegenen oder spontaneren Fähigkeiten erleben. Ihre Wechselwirkung mit ihm hat etwas von der Beziehung liebevoller Eltern zu einem begabten, angebeteten Kind – eine vielschichtige Mischung aus Liebe und Neid, Schutz und Kritik. Vielleicht projizieren Sie das ungelebte Kind in sich auf Ihren Partner, denn in mancher Hinsicht erinnert er Sie daran, wie Sie selbst gerne gewesen wären; und er erinnert Sie auch an die alten Verletzungen und Enttäuschungen Ihrer frühesten Lebensabschnitte, die Sie davon abhielten. Indem Sie Ihrem Partner also Unterstützung und Geborgenheit bieten, versuchen Sie auch, Ihre eigenen Wunden zu heilen. Doch Ihre emotionalen Hemmungen können Sie auch entweder in die Defensive oder zu einem fordernden oder ungewollt kritischen Verhalten drängen. So können Sie Ihrem Partner zwar ein tiefes Gefühl der Stabilität und Stärke geben und ihm damit helfen, seinem Bedürfnis nach weltlichen Errungenschaften Form und Gehalt zu geben. Doch auch Sie haben oft das Bedürfnis, Kind zu sein und nicht die weisen Eltern, die auf alles eine Antwort haben.

ii. Am Siedepunkt

Obwohl die gegenseitige sexuelle Anziehung zwischen Ihnen – zumindest anfänglich – wohl sehr groß ist, gibt es in Ihrem Austausch ein verdecktes Katz-und-Maus-Spiel, das ein Hinweis darauf ist, dass bei Ihnen beiden etwas sehr viel Tiefgreifenderes berührt wird. Sie wecken das Verlangen Ihres Partners durch Ihre Entrücktheit und Zurückgezogenheit ebenso wie durch die besitzergreifenden Züge, die er an Ihnen bewundert. Denn diese Unzugänglichkeit ruft die aus Urzeiten stammende Erregung des Jägers in ihm wach. Ihre gedankliche Tiefgründigkeit ist, zusammen mit Ihrer Zurückhaltung im Gespräch, überaus anziehend für ihn und bedeutet eine Herausforderung für sein Bedürfnis nach emotionaler Intimität und miteinander geteilten Gefühlen.

Zunächst erregt Ihre Unerreichbarkeit oder Unzugänglichkeit die Leidenschaft Ihres Partners, und daher ist die sexuelle Anziehung zwischen Ihnen sehr stark. Doch wahrscheinlich trifft er auf umso mehr subtilen Widerstand, je mehr er Sie dazu drängt, ihm zu geben, was er will. Vielleicht stellt er einfach fest, dass er zusehends ärgerlicher und frustrierter wird. Dabei ist Ihnen wahrscheinlich nicht klar, in welchem Ausmaß Sie selbst diesen Zorn provozieren, weil Sie unbewusst Angst vor seinem vermeintlich größeren Selbstvertrauen und seiner Stärke haben. Ob Sie es wissen oder nicht, Sie fürchten, von Ihrem Partner dominiert zu werden; und da er etwas Dominantes an sich hat, haben Sie vielleicht einigen Anlass zu dieser Befürchtung, und wahrscheinlich empfinden Sie auch eine unbequeme Mischung aus großer Bewunderung und starkem Neid ihm gegenüber. Wenn Sie nicht auf Ihre eigene Rolle bei diesem Problem achten und Ihr Partner Ihren verdeckten Widerstand gegen ihn als absichtliche Kälte und Böswilligkeit missversteht, könnte das zu einem höchst frustrierenden Machtkampf zwischen Ihnen führen, denn Sie empfinden alles andere als Kälte für ihn. Doch haben Sie vielleicht manchmal Schwierigkeiten mit seinem Hang zu zornigen und absichtlich verletzenden Reaktionen. Dieser Anteil Ihrer gegenseitigen Anziehung kann wirklich äußerst schwierig sein, wenn Sie beide sich seiner Dynamik nicht bewusst sind. Denn im Laufe der Zeit können daraus Bitterkeit und angewöhnte Verhaltensmuster werden, mit denen Sie sich gegenseitig auf äußerst verletzende Weise hintertreiben – besonders in sexueller Hinsicht. Sie beide könnten aber auch versuchen, aus dieser Spannung etwas über sich selbst und den anderen zu lernen; denn mit etwas Liebe und Anstrengung könnte daraus eine sehr kreative Energie werden, die überaus heilsam für Ihre verborgenen Unzulänglichkeitsgefühle wäre und ihm zu mehr Geduld, Toleranz und Verständnis für menschliche Schwächen verhelfen könnte.

iii. Gefühle in der Sackgasse

Ihr Partner scheint ein natürliches Mitgefühl für Ihre Unbeholfenheit zu empfinden, wenn Sie Ihre Ideen und Gefühle äußern wollen, und dadurch entsteht bei ihm eine große Bereitschaft, Sie zu beschützen. Er spürt, dass Sie sich in diesem Bereich scheu und abwehrend verhalten, selbst wenn Sie das nicht erkenne oder zugeben; und er versucht, feinfühlig und taktvoll auf Sie einzugehen, wenn diese „heißen“ Themen berührt werden. Sie dagegen brauchen dieses Gefühl von Schutz und Geborgenheit, weil Sie dadurch eine Art Heilung Ihrer Verletzungen und Verlusterlebnisse aus frühester Kindheit erfahren. Sie mussten darum kämpfen, Stärken zu entwickeln, die ihm wiederum Stabilität und Struktur vermitteln und den Fluss seiner Vorstellungskraft und seine etwas haltlose Einstellung zum Leben abstützen können. Da Sie aber durch sein Eingehen auf Sie zutiefst berührt und bewegt sind, wird dies trotzdem einige alte Angstgefühle aus der Kindheit wachrufen; und die übergroße Verletzlichkeit, die dadurch bei Ihnen entstehen kann, führt möglicherweise dazu, dass Sie manchmal mit scheinbarer Kälte, Ablehnung oder schneidender Kritik reagieren. Ihr Partner ist höchst empfindlich gegenüber solchen Abwehrmaßnahmen, weil er ziemlich abhängig von Ihrer Unterstützung ist. Vielleicht sollte er lernen, hin und wieder für sich selbst zu stehen und die Dinge einfach geschehen zu lassen, denn sonst stellt er womöglich fest, dass er deprimiert, einsam und sehr selbstmitleidig wird. Wenn Sie beide sich dieser komplizierten Dynamik nicht stellen und damit arbeiten, brauchen Sie sich nicht darüber zu wundern, wenn sich leicht Verstimmungen und unausgesprochener Zorn zwischen Ihnen einstellen und Sie dabei in vielen Fällen beide nicht recht verstehen, warum oder wie es dazu kam. Doch Sie können diese oft schwierige Energie zu einem äußerst kreativen Austausch nutzen, weil Sie beide sich brauchen und sich gegenseitig eine tief empfundene Loyalität und starke emotionale Unterstützung bieten können – allerdings ist bei Ihnen beiden große Ehrlichkeit sich selbst und dem anderen gegenüber erforderlich. Denn wahrscheinlich empfinden Sie in der Nähe Ihres Partners eine Unbeholfenheit und Ängstlichkeit, die aus Ihren unausgesprochenen Befürchtungen entsteht: und dadurch versagen Sie ihm vielleicht widersinnigerweise die wichtigste emotionale Sicherheit gerade dann, wenn er sie am dringendsten braucht.

II. Der Charakter Ihrer Beziehung

1. Die Beziehung als unabhängiges Wesen

i. Der Stoff, aus dem die Träume sind

Das Wesentliche an Ihrer Beziehung ist die Verzauberung. Dieser Anteil mit seiner traumhaften Schönheit und seiner Magie umfasst viele Seiten der Realität, von der erotischen bis hin zur spirituellen, und manches davon kann inspirierend und erhebend sein, während anderes vielleicht schmerzhaft, verwirrend und enttäuschend ist. Diese Verzauberung bringt vor allem einen Zustand jenseits der gewöhnlichen, weltlichen Realität mit sich – eine andere Welt mit hochgestimmten Gefühlen, von geheimer Bedeutung erfüllten Ereignissen, Rittern, die Prinzessinnen vor Drachen beschützen, und echten Göttern und Helden. Geschützt vor jeder Störung durch Banalitäten, kann die Einsamkeit des menschlichen Daseins in diesem zauberhaften Paradies durch ein „wahres“ seelisches Einssein gelindert werden.

Sie haben ein verletzbares Wesen und eine Abneigung gegen Konfrontationen, und Sie brauchen Nähe und emotionale Intimität; deshalb reagieren Sie wahrscheinlich sehr positiv auf den Idealismus und den Zauber in Ihrer Beziehung. Sie haben viele innere Kräfte, mit denen Sie den unvermeidbaren Enttäuschungen begegnen können, denen sich jede Phantasie einer vollkommenen Liebe immer wieder ausgesetzt sieht. Sie haben auch genügend Voraussicht, Geduld und Mitleid, um jedes Opfer zu bringen, das die Beziehung von Ihnen verlangen könnte. Eigentlich sagt Ihnen ihr flüchtiges Wesen mehr zu als eine prosaische, herkömmlichere, „gesetzte“ Partnerschaft; denn diese

Beziehung gibt Ihnen die Möglichkeit, Ihre höchsten Werte auszudrücken, und sie bietet Ihnen eine Erfahrung emotionalen Einsseins, die Ihnen letztlich wichtiger ist als irgendeine materielle Sicherheit.

Die recht exaltierte Stimmung in der Beziehung bewirkt wahrscheinlich großen Idealismus bei Ihnen beiden, und vielleicht haben Sie zuweilen beide das Gefühl, dass ein „höheres" Schicksal Sie zusammengeführt hat. Die Beziehung schafft ein Gefühl des Einsseins, aus dem sich vielleicht auch ein starkes Gefühl gegenseitigen Wiedererkennens zwischen Ihnen nährt. Daher glauben Sie vielleicht, dass diese Verbindung schon über viele Leben hinweg besteht. Die Frage, ob diese Gefühle in irgendeinem objektiven Sinne gültig sind oder nicht, kann kein Horoskop beantworten, doch mit Sicherheit gelten sie auf der seelischen Ebene, denn sie reflektieren die emotionale Stimmung in Ihrer Beziehung. Diese Verbindung kann Sie beide leicht glauben lassen, Sie seien der gewöhnlichen Grenzen und Schwierigkeiten getrennten, individuellen Selbstausdrucks enthoben. Wenn Sie beide zusammen sind, scheint dies vielleicht nicht länger nötig zu sein; Sie sind ein- und dieselbe Person und können auf solche unabhängigen Bestrebungen verzichten. Möglicherweise sehen andere Ihre Beziehung nicht so, wie sie wirklich ist, denn vielleicht zeigen Sie sich gegenüber der Außenwelt unabsichtlich sehr viel selbstsicherer, oberflächlicher, unabhängiger und sogar aggressiv. Das erweckt den Eindruck, als wüssten Sie als Paar ganz genau, wohin Sie sich entwickeln, und als wären Sie völlig unzugänglich für die Meinung anderer und den Einfluss Ihrer Umgebung. Die komplizierteren und schwierigeren Seiten der Beziehung werden von anderen nicht leicht verstanden oder bemerkt. Wenn Sie beide einmal Unterstützung bei Ihren Freunden oder Ihrer Familie suchen, sollten Sie sich deshalb nicht wundern, wenn Sie dort auf ein ganz anderes Bild von Ihrer Verbindung stoßen, als Sie beide es haben.

Doch dieser Zustand der Verschmelzung, der den Kern Ihrer Beziehung darstellt, kann teilweise illusorisch sein, denn er setzt eine Verwischung oder Missachtung Ihrer persönlichen Grenzen voraus. Die emotionale Energie dieser Verbindung löst Ihr Gefühl einer eigenen Wirklichkeit auf und kann Sie daher beide dazu bringen, Ihre persönliche Autorität und Verantwortung innerhalb der Beziehung ungewollt aufzugeben. Der Zauber, mit dem die Beziehung beide umfängt, birgt vielleicht eine tiefe Trauer, denn Verzückung bedeutet immer auch, irgendetwas zu opfern – sei es, dass Sie auf bestimmte materielle Annehmlichkeiten verzichten, um zusammen sein zu können, oder sei es, dass Sie die Hoffnung auf eine dauerhafte Beziehung aufgeben. Eine solch intensive Wahrnehmung, wie sie die Beziehung bei Ihnen beiden bewirkt, kann in einer an Zeit und menschliche Grenzen gebundenen Welt auf die Dauer nicht unbeschadet fortbestehen. Letzten Endes werden Sie bei Ihren Träumen Kompromisse eingehen und die menschlichen Schwächen des anderen akzeptieren müssen. Der Zauber Ihrer Verbindung öffnet Ihnen die Tür zu einer magischen Welt und weckt Ihren Geist und Ihre Vorstellungskraft, doch birgt er zugleich auch die Ursache unvermeidlicher Enttäuschungen. Diese Beziehung weckt wahrscheinlich ein tiefes und vielleicht bisher unbewusstes Bedürfnis bei Ihnen beiden, die Einsamkeit des Erdenlebens hinter sich zu lassen und eine Einheit wiederherzustellen, die eigentlich an den vorgeburtlichen Zustand erinnert. Diese Sehnsucht, die in allen Menschen lebt, ist bei manchen ein sehr machtvoller Antrieb, der das Bedürfnis weckt, einen Sinn des Lebens zu finden, der über gewöhnliche Ereignisse hinausreicht. Vielleicht waren Sie sich dessen bisher nicht richtig bewusst, doch etwas an dieser Beziehung spricht dieses Bedürfnis in Ihnen sehr stark an. Wenn Sie sich selbst als seelisch zusammengehörig empfinden und das Gefühl haben, Sie seien durch viele gemeinsame Leben oder durch eine höhere Bestimmung aneinander gebunden, erleben Sie wahrscheinlich Zeiten großer Freude und tiefen Friedens miteinander. Doch vielleicht finden Sie es auch äußert schwierig, wieder umzuschalten und mit alltäglichen Grenzen und Enttäuschungen zurechtzukommen. Ihre Beziehung hat etwas geradezu Suchtartiges, so dass Sie vielleicht den natürlichen Vorgang umgehen oder ablehnen, sich als gewöhnliche Menschen kennenzulernen und sich gegenseitig mit Ihren Unterschieden und Konflikten zu konfrontieren. Der Verzückung in der Beziehung zuliebe ersticken Sie vielleicht Gefühle wie z. B. Wut oder Verlangen, oder lassen sich dazu verleiten, Ihren eigenen, gültigen Weg zu verlassen, um noch länger in diesem wohltuenden Bad bleiben zu können – auch wenn das Wasser schon kalt geworden ist. Dieser Hang zum Untergehen des individuellen Willens und Begehrens kann so ausgeprägt sein, dass Sie beide jede wirkliche Hingabe auf subtile Weise vermeiden: entweder durch irgendein freiwilliges Oper oder durch – von einem oder beiden von Ihnen unbewusst herbeigeführte – äußere Umstände die Sie scheinbar davon abhalten, ein stabiles gemeinsames Leben aufzubauen.

ii. Achtung, Nebelschlussleuchte einschalten

Durch die ganze Stimmung in der Beziehung sind Sie vielleicht allzu sehr bemüht, sich den Zauber zu erhalten, den Sie gemeinsam erlebt haben. Deshalb ist die größte Gefahr, für Sie und Ihren Partner bei all dieser Schönheit und Verzückung die Neigung, sich selbst oder den anderen zu täuschen. Selbsttäuschung heißt in diesem Zusammenhang, dass Sie beide sehr leicht Ihre eigenen, sehr berechtigten emotionalen Bedürfnisse, Ihre Ideale, Überzeugungen und Ziele unterdrücken oder ignorieren können; statt dessen geben Sie beide dann vielleicht vor, stets das Gleiche zu wollen wie der andere. Wenn Sie sich auf diese Weise selbst belügen, unterdrücken Sie vielleicht grundlegende und gesunde Seiten Ihres eigenen Wesens, und diese unterdrückten Antriebe werden eines Tages wieder an die Oberfläche kommen und sehr viel Verwirrung und Schwierigkeiten verursachen. Individualität und Verschmelzung schließen sich tatsächlich gegenseitig aus, doch es ist möglich, ein Gleichgewicht zwischen beidem herzustellen. Vielleicht täuschen Sie sich auch selbst, indem Sie alle Charaktereigenschaften des anderen ignorieren, die das Gefühl eines gemeinsamen Herzschlags zu bedrohen scheinen. Doch wenn Sie absichtlich blind für den wahrend Charakter Ihres Partners bleiben, verhindern Sie damit, dass er zu einem wirklichen Menschen für Sie wird. Das kann tiefen Groll und große Wut zwischen Ihnen hervorrufen, weil jeder eigentlich vom anderen verlangt, mehr einer vollkommenen Vorstellung als einem richtigen Menschen zu gleichen. Sie könnten sich – einer oder beide – auch auf allerlei Betrügereien verlegen, um den anderen nicht zu enttäuschen. Damit können kleine, unbewusste Täuschungen gemeint sein, die sich allmählich summieren, oder auch ein großer Betrug wie eine heimliche Beziehung zu jemand anders. So oder so: Wenn Sie und Ihr Partner nicht mit beiden Beinen auf dem Boden bleiben, während Sie mit den Köpfen in den Wolken sind, laufen Sie Gefahr, Ihre Beziehung auf einer Illusion aufzubauen.

iii. Ein plötzliches Erwachen

Es gibt jedoch noch einen anderen Anteil dieser Beziehung, der Sie in vieler Hinsicht vor den schlimmsten Auswüchsen eines romantischen Idealismus bewahrt – auch wenn Sie und Ihr Partner mit diesem Anteil manchmal vielleicht nur schwer zurechtkommen. Es ist etwas Unberechenbares, das wahrscheinlich eine gewisse Instabilität in Ihre Beziehung bringen und Sie beide wach und davon abhalten wird, in passive Beschaulichkeit zu verfallen. Der romantische Traum, den die Partnerschaft bei Ihnen beiden weckt, ist sehr schön und hat auch seine Gültigkeit. Doch für die unberechenbare Energie, die in der Beziehung gleichermaßen wirksam ist, brauchen Sie und Ihr Partner eine ganze Menge Bewegungsfreiheit und Unabhängigkeit voneinander. Da die Sehnsucht nach Verschmelzung und das Bedürfnis nach Unabhängigkeit zuweilen unvereinbar erscheinen, wird Ihr emotionales Leben mit Ihrem Partner wahrscheinlich einem Zickzackkurs folgen, bei dem Zeiten äußerster Nähe mit Zeiten abwechseln, in denen Sie sich voneinander zurückziehen. Manchmal scheinen die Brüche in der Beziehung vielleicht auf äußere Ursachen zurückzugehen und nicht aus Ihrem Inneren zu kommen, doch in Wirklichkeit spiegelt sich darin das natürliche Auf und Ab Ihrer Partnerschaft. Die unvermeidlichen Zeiten, in denen Sie sich voneinander getrennt fühlen, sind ein wunderbarer Ausgleich für eine allzu große Idealisierung des anderen und der Liebe.

Die Instabilität, die Sie und Ihr Partner erleben, zeigt sich wahrscheinlich am ehesten in scheinbar äußeren Bereichen wie Finanzen und häuslichen Abläufen sowie in Ihrem Arbeitsleben. Vielleicht ergeben sich auch unerwartete Hindernisse oder Schwierigkeiten mit Familienmitgliedern oder in Ihrem Bekanntenkreis. Diese Brüche spiegeln möglicherweise ein beiderseitiges Bedürfnis nach größerer Unabhängigkeit in diesen weltlichen Bereichen Ihres gemeinsamen Lebens wider. Selbst wenn es in anderer Hinsicht zu großer Vertrautheit zwischen Ihnen beiden kommt, kann es sehr wichtig für Sie und Ihren Partner sein, ein unabhängiges Einkommen und recht unterschiedliche berufliche Ziele zu haben, so dass die in der Beziehung nötige Bewegungsfreiheit statt furch unangenehme Überraschungen ganz bewusst gewährleistet wird. Der Zwiespalt in dieser Beziehung kann Sie und Ihren Partner sehr unglücklich machen, wenn Sie versuchen, eine Seite davon zu unterdrücken. Zuviel Unbeteiligtheit und Getrenntsein wird Ihre Sehnsucht nach dem Einssein verletzen; darauf reagieren Sie und Ihr Partner vielleicht, indem Sie den anderen durch ein höchst manipulatives Verhalten an sich zu binden versuchen. Zu starkes Anklammern aneinander, um die Phantasie der Verschmelzung aufrechtzuerhalten, kann Sie und Ihren Partner dagegen veranlassen, auf abrupte und verletzende Weise aus der Beziehung auszubrechen. Doch ein brauchbares Gleichgewicht zwischen diesen beiden Extremen und die Bereitschaft, beide Seiten des Lebens zu akzeptieren, können zu einer überaus anregenden und emotional erfüllenden Verbindung von wahrer Freundschaft mit der Intensität romantischer Liebe führen.

2. Die Beziehung uns Sie selbst

i. Ein Gefühl der Unruhe

Ihre Beziehung zu Ihrem Partner bewirkt wahrscheinlich beträchtliche Angst bei Ihnen. Das liegt an dem flüchtigen, zu Brüchen und Trennungen neigenden Anteil der Verbindung, der Ihre Gefühle auf unbequeme Weise in Aufruhr versetzt – einmal aufregend und ein andermal etwas bedrohlich. Wahrscheinlich wird Ihr Bedürfnis nach emotionaler Sicherheit herausgefordert – es wird stark angeregt und doch gleichzeitig hintertrieben. Denn gerade wenn Sie glauben, alles hätte sich beruhigt und Sie könnten sich entspannen, geschieht wahrscheinlich etwas Unerwartetes, das Sie von neuem nervös macht. Irgendwie haben Sie scheinbar nie so ganz das Gefühl, Sie hätten sich „niedergelassen", auch wenn aus der Beziehung eine Ehe wird. Das könnte auch als Anzeichen dafür gesehen werden, dass die Beziehung Sie vielleicht dazu auffordert, mehr emotionale Flexibilität und Unabhängigkeit zu entwickeln. Doch je ängstlicher Sie werden, umso wahrscheinlicher werden Sie auch versuchen, die Beziehung durch ein manipulatives oder Schuldgefühle verursachendes Verhalten unter Kontrolle zu bekommen. Das wäre keine gute Idee, zumal es wahrscheinlich nicht funktionieren wird. Nicht Ihr Partner bewirkt das Gefühl der Instabilität, sondern vielmehr das eigene Wesen der Beziehung selbst. Tatsächlich kann diese Herausforderung Ihrer tiefsten Bedürfnisse nach Sicherheit und Geborgenheit Ihnen die sehr kreative Lernerfahrung bieten, innerhalb einer Partnerschaft mit emotionaler Unabhängigkeit umzugehen. Wenn Sie es auf diese positivere Weise betrachten, können Sie tiefere Einsichten in die Natur Ihrer eigenen

Gefühle und Bedürfnisse gewinnen und gleichzeitig neue Wege zur Entwicklung größerer innerer Freiheit finden.

ii. Eine Lektion in Selbstgenügsamkeit

Die Grenzen und Hindernisse in Ihrer Beziehung können Ihre emotionale Ruhe und Ausgeglichenheit und Ihr Gefühl von Sicherheit in arge Bedrängnis bringen. Das bedeutet nicht, dass die Partnerschaft außergewöhnliche Schwierigkeiten oder Hindernisse aufweisen würde. Doch Sie sind besonders verwundbar gegenüber den Herausforderungen, die sie bietet, und fühlen sich vielleicht manchmal traurig, hungrig und einsam, weil Ihre grundlegenden emotionalen Bedürfnisse irgendwie frustriert werden – ganz gleich, wie sehr Sie beide sich bemühen, die Hindernisse aus dem Weg zu räumen. Bestimmt werden Sie mit einer schwierigen Lektion über Selbstgenügsamkeit konfrontiert, denn wahrscheinlich wird es zwischen Ihnen und Ihrem Partner – wie in jeder Partnerschaft – immer irgendeinen Bereich geben, der innere Schwierigkeiten birgt. Sie müssen einfach lernen, sich etwas mehr zusammenzunehmen und sich in den Situationen, in denen die Beziehung nicht alle Ihre Bedürfnisse befriedigt, aus eigner Kraft über Wasser zu halten. Doch hier geht es um etwas Kreativeres als die einfache Aufforderung, die Ärmel hochzukrempeln und weiterzumachen. Sie könnten diese scheinbar frustrierende Situation zu etwas sehr Schöpferischem machen, denn die Herausforderungen der Beziehung können Ihnen helfen, in Bezug auf das Leben und die Liebe realistischer zu werden, größere Eigenständigkeit zu erreichen und in Ihrem Eingehen auf andere toleranter und einfühlsamer zu werden. Wahrscheinlich wäre es keine gute Idee, selbstmitleidig und pathetisch zu werden, um die nötige Sicherheit von Ihrem Partner zu bekommen. Denn was Ihnen entgegenzuarbeiten scheint, ist die Alchemie der Beziehung selbst, und nicht Ihr Partner. Doch wenn Sie bereit sind, in der Partnerschaft größere emotionale Unabhängigkeit zu akzeptieren und einen Teil Ihrer emotionalen Unterstützung auf anderen, individuelleren Wegen zu finden, kann die verwandelnde Wirkung der Beziehung auf Ihre Gefühle und Bedürfnisse tatsächlich sehr viel mehr Zufriedenheit und emotionale Reife in Ihr Leben bringen.

iii. Bestätigung der Individualität

Es liegt in der Macht dieser Beziehung, Ihr kreatives Potential und Ihr Gefühl persönlicher Identität zu wecken – obwohl dies vielleicht durch Konflikte geschieht. Die grundlegenden Eigenschaften der Beziehung vertragen sich irgendwie nicht mit Ihren eigenen Zielen und Werten, und das ist ein sehr zweischneidiges Geschenk. Denn einerseits haben Sie zwar vielleicht das Gefühl, dass die Richtung, in die sich die Beziehung bewegt, eine Herausforderung oder sogar ein Hindernis für Sie darstellt; doch andererseits tritt durch diese Herausforderung Ihre eigene Identität deutlicher hervor. Wahrscheinlich wird Ihr Bedürfnis, etwas aus Ihren Talenten und Fähigkeiten zu machen, durch die Partnerschaft sehr stark angeregt, und wahrscheinlich haben Sie mehr Vertrauen zu sich selbst und Ihren Fähigkeiten. Doch es besteht eine gewisse Diskrepanz zwischen Ihrer Identität und dem grundlegenden Wesen der Beziehung; und durch die Befürchtung, Sie müssten zu viele Kompromisse eingehen, neigen Sie möglicherweise dazu, Streit anzufangen, um Ihre eigene Individualität zu bestätigen. Es ist durchaus möglich, hier ein brauchbares Gleichgewicht zu finden, mit dem Sie sowohl Ihren unabhängigen Zielen gerecht werden als auch die Eigenart der Verbindung anerkennen und sich ihr anpassen können; doch auf ein gewisses Maß an Reibereien werden Sie sich einstellen müssen.

iv. Missverständnisse und Fehldeutungen

Die Art der Kommunikation in dieser Beziehung ist wahrscheinlich eine Herausforderung für Ihre besondere Denk- und Ausdrucksweise. Vielleicht sind Sie manchmal erstaunt und irritiert, weil Sie nur unter beträchtlichen Anstrengungen verstehen können, was zwischen Ihnen und Ihrem Partner gesagt wird. Während der schwierigeren Perioden kann es häufig zu Missverständnissen und Fehldeutungen kommen, und vielleicht fühlen Sie sich nicht wohl dabei, sich in Ihrer gewohnten Weise auszudrücken. Es ist, als würde man von Ihnen verlangen, eine neue Sprache zu lernen, mit der Sie nicht vertraut sind; und vielleicht haben Sie immer wieder einmal das Gefühl, der Dialog würde ganz abbrechen, selbst wenn Sie Ihr Bestes tun, um Ihren Standpunkt klarzumachen. Doch vielleicht können Sie gegenüber der Neigung zu Wortstreit und überkritischem Verhalten, die die Beziehung bei Ihnen bewirkt, etwas Zurückhaltung üben und sich Mühe machen, die für die Beziehung nötigen Arten der Kommunikation zu erlernen – auch wenn es nicht Ihre eigenen sind. Dann werden Sie feststellen, dass Ihre Sehweise und Ihre Einstellung toleranter und Ihre Ausdrucksweise fließender wird.

v. Untergründige Erschütterungen

Die Hindernisse oder Widerstände, die sich in Ihrer Beziehung (wie in jeder anderen Partnerschaft auch) gelegentlich ergeben, haben wahrscheinlich eine besonders störende Wirkung auf Ihr emotionales Leben, denn möglicherweise ist Ihre individuelle Antwort auf solche Schwierigkeiten etwas übertrieben. Wahrscheinlich neigen Sie zu übermäßigen Reaktionen und gehen an die Probleme heran, als wären sie eigens dazu da, Ihnen persönlich Steine in den Weg zu legen. Daher zeigen Sie ein manchmal zwanghaftes Bedürfnis, sich gewaltsam freie Bahn zu verschaffen, um dadurch den gewünschten Verlauf der Dinge zu erreichen. Vielleicht sind Sie von der Macht recht primitiver Gefühle wie etwa starker Eifersucht überrascht, wenn sie an die Oberfläche Ihres Bewusstseins dringen. Wenn Sie es gewohnt sind, in Ihren Gefühlen relativ ruhig und ausgeglichen zu sein, ist das wahrscheinlich besonders störend. Je weniger aufrichtig Sie sich selbst gegenüber in Bezug auf die Art und Weise sind, in der die Schwierigkeiten in der Beziehung eine manchmal unverhältnismäßige Reaktion bei Ihnen bewirken, desto wahrscheinlicher neigen Sie zu manipulativem Verhalten, um zu „gewinnen“, was Sie fälschlich als einen Willenskampf interpretieren. Dadurch ändert sich nichts an dem natürlichen Kreislauf von Harmonie und Uneinigkeit, den es in jeder Beziehung gibt; doch könnte es zu einem äußerst unangenehmen und unnötigen Machtkampf kommen, der Sie ebenso verletzt wie Ihren Partner. Doch wenn Sie den Schwierigkeiten mit mehr Toleranz und Flexibilität begegnen können, lernen Sie vielleicht sehr viel über Ihre eigenen emotionalen Tiefen, und das könnte eine überaus kreative Wirkung auf Ihre Fähigkeit haben, sowohl Ihre Liebe als auch Ihr Mitgefühl für das menschliche Wesen allgemein auszudrücken.

vi. Es gibt nichts geschenkt

Die Erscheinungsweise der Beziehung in der Außenwelt und die Reaktionen, die sie bei anderen Menschen hervorruft, können zutiefst zwiespältige Gefühle in Ihnen wecken. Einerseits berührt Sie wahrscheinlich das tiefe Gefühl der Verantwortung und Dauerhaftigkeit, aufgrund dessen Sie wahrscheinlich eine lang anhaltende Verbindung schaffen wollen, die von der Allgemeinheit als eine stabile Partnerschaft wahrgenommen werden kann. Doch andererseits fühlen Sie sich vielleicht auch gefangen oder eingeschränkt vor der Stärke und der Last dieser Partnerschaft und von den Opfern, die sie Ihnen abverlangt. Das Gefühl von Struktur und Dauerhaftigkeit, das die Beziehung bei Ihnen entstehen lässt, befriedigt Ihre tiefsten Sicherheitsbedürfnisse und kann ein gutes Stück weit zur Heilung der Wunden aus Ihrer Vergangenheit beitragen. Doch wahrscheinlich werden Sie auch akzeptieren müssen, dass Sie sich gelegentlich beladen, niedergedrückt oder desillusioniert fühlen – besonders dann, wenn Sie in der Vergangenheit ein eher romantischer Typ waren. Offen gesagt, werden Sie unter dem Einfluss der Partnerschaft sehr viel erwachsener werden, besonders in Ihrem Umgang mit der Gemeinschaft, und vielleicht müssen Sie für diese Beziehung bedeutende Opfer bringen – versuchen Sie, sich nicht über den Preis zu ärgern.

3. Die Beziehung und Ihr Partner

i. Sichere vier Wände

Wahrscheinlich fühlt Ihr Partner sich in dieser Beziehung sehr sicher und geborgen, besonders was die Art und Weise angeht, in der andere Sie beide als Paar sehen. Er braucht die Partnerschaft, denn sie scheint ihm eine dem allgemeinen Ansehen nach sichere und stabile Struktur zu bieten; und selbst wenn Sie beide emotionale Konflikte durchmachen, berühren die äußere Erscheinung und der Stil der Beziehung ihn wahrscheinlich zutiefst und geben ihm ein Gefühl, als wäre er hier zu Hause. Das kann natürlich dazu führen, dass er alle möglichen anderen Beziehungsangelegenheiten, mit denen er sich auseinandersetzen sollte, vermeiden will. Nichtsdestotrotz erfüllt diese Verbindung einige sehr wichtige Sicherheitsbedürfnisse; und wenn er sicherstellen kann, dass er diese Bedürfnisse nicht dazu benutzt, um andere, unbequemere Abläufe zu verbergen, die eigentlich ans Tageslicht gebracht werden müssten, kann er zufrieden auf der soliden Grundlage ausruhen, die ihm diese Beziehung bietet.

ii. Skelette im Schrank

Etwas an der emotionalen Stimmung in dieser Beziehung rührt bei Ihrem Partner an sehr komplizierte Dinge. Wie bei den meisten Menschen gibt es auch bei ihm Bereiche seiner Persönlichkeit, in denen er noch aus der Kindheit stammende Gefühle der Scheu oder Unbeholfenheit hat; und zweifellos hat er etwas sehr Menschliches getan, nämlich im Lauf der Zeit seine Verletzbarkeit durch ein gut funktionierendes Abwehrsystem zu schützen, das schmerzliche Gefühle verbirgt – nicht nur vor anderen, sondern auch vor sich selbst. Doch die emotionale Stimmung in dieser Partnerschaft ruft all diese alten Gefühle wieder hervor, und so fühlt er sich wahrscheinlich unwohl, defensiv und unbeholfen, sobald Sie beide einander zu nahe kommen. Es ist ganz so, als würden die emotionalen Erfordernisse der Beziehung von ihm verlangen, sein Abwehrsystem aufzugeben – und darauf wird er wohl kaum besonders enthusiastisch reagieren. Wenn er sich seinen eigenen inneren Problemen nicht ehrlich stellt, blockiert er möglicherweise den Gefühlsfluss innerhalb der Beziehung; und damit macht er es sehr schwer, überhaupt zu echter emotionaler Intimität zu gelangen, und isoliert sich dabei selbst. Doch vielleicht ist er dazu bereit, diese frühen Dinge zu erforschen, durch die er sich so defensiv fühlt; dann wird er sehen, dass er in dieser Beziehung Heilung und tiefe Geborgenheit, Mitgefühl und Verständnis finden kann.

iii. Vorsicht, zerbrechlich

Wahrscheinlich ist Ihr Partner fasziniert von dem Versprechen emotionaler Sicherheit und Geborgenheit, das ihm die Beziehung zu geben scheint; doch zugleich gibt es auch etwas in ihrer emotionalen Stimmung, das ihn ein wenig ängstigen oder bedrohen kann. Vielleicht befürchtet er, dass die Beziehung irgendwie instabil ist und Krisen oder Brüche in seinem Leben bewirken wird. Doch in Wirklichkeit hat es eher damit zu tun, dass er sich selbst irgendwie zwiespältig fühlt, weil die Beziehung sein Bedürfnis nach mehr persönlicher Unabhängigkeit weckt. Wenn er seine eigene Unruhe und sein Bedürfnis nach Bewegungsfreiheit innerhalb der Beziehung nicht anerkennt, führt er vielleicht unbewusst Probleme oder Konflikte herbei, die ihm eine Rechtfertigung zur Flucht geben. Möglicherweise macht er die Beziehung oder Sie dafür verantwortlich, dass er sich beengt und gefangen fühlt. Oder vielleicht zwingt er unabsichtlich Sie, sich so zu verhalten, wie er sich in Wirklichkeit selbst fühlt. Die emotionalen Erfordernisse der Beziehung verlangen von ihm, dass er seine Autonomie im Rahmen der Partnerschaft anerkennt und eine neue Denkweise in Bezug auf das Leben und die Liebe entwickelt. Das alte Problem von Bindung und Freizügigkeit steht groß vor ihm, und er kann ein sehr brauchbares und lohnendes Gleichgewicht zwischen diesen beiden Polen finden – vorausgesetzt, dass er dazu bereit ist, anzuerkennen, dass der Konflikt in ihm selbst besteht.

iv. Ein Füllhorn

Die Art und Weise, in der Sie beide vor anderen miteinander umgehen, hat wahrscheinlich eine sehr positive Wirkung auf das Selbstvertrauen Ihres Partners und seine Zuversicht im Leben. Etwas an dem Bild, das die Beziehung nach außen hin abgibt, und an der Art, in der andere Sie sehen, erweitert seine Vorstellungskraft und Intuition und gibt ihm ein größeres Gefühl ungelebter Möglichkeiten. Wahrscheinlich fühlt er sich auch froher, optimistischer und mehr dazu geneigt, das Leben von der lustigen Seite zu sehen. Auch wenn vielleicht tiefer greifende Konflikte den emotionalen Fluss zwischen Ihnen beiden stören, kann diese Verbindung ihm dennoch großartige kreative Anregungen und neue Hoffnung und Zuversicht geben.

v. Großzügige Gefühle

Die emotionale Seite der Beziehung wirkt sich bei Ihrem Partner wahrscheinlich sehr positiv auf sein Gefühl der Sinnhaftigkeit des Lebens und auf seinen Glauben an sich selbst aus. Etwas an der Geborgenheit und Unterstützung, die ihm die Beziehung gewährt, bringt auch einen Sinn für Humor zum Vorschein, so dass er wahrscheinlich mehr Spaß und mehr zu lachen haben wird als je zuvor. Diese Beziehung ist auch ein sanfter Ansporn für seine Phantasie und sein Gefühl von Abenteuer, so dass er sich wahrscheinlich kreativer und verspielter fühlt; und selbst wenn er in der Vergangenheit ein eher vorsichtiger und pragmatischer Mensch war, wird wahrscheinlich immer noch ein wenig von dem Spielergeist zum Tragen kommen. Möglicherweise fühlt er sich auch großzügiger und toleranter und ist mehr dazu bereit, die Probleme und Schwächen der Beziehung und bei Ihnen zu akzeptieren; denn irgendwie gibt ihm diese Verbindung das Gefühl, dass das Leben doch freundlich ist und es gut mit ihm meint.

vi. Das Unsichtbare entdecken

Es gibt in Ihrer Beziehung Anteile von großer emotionaler Tiefe und Intensität, die sich äußerst kreativ auf die Vorstellungskraft und das Gefühl vom Sinn des Lebens Ihres Partners auswirken können. Er ist besonders empfänglich für zwanghafte Gefühle innerhalb der Beziehung, aufgrund deren er vielleicht manchmal glaubt, die Verbindung sei schicksalhaft oder vorherbestimmt. Dadurch fängt er vielleicht an, einige sehr tiefgehende Fragen über das Schicksal, den Sinn und die intelligenten Muster zu stellen, die hinter der Szenerie des Lebens wirksam sind. Selbst wenn er nie daran gedacht hat, sein emotionales Leben aus einer so umfassenden Perspektive zu erforschen, wird diese Beziehung wahrscheinlich eine solche Reaktion bei ihm hervorrufen. Vielleicht findet er nie eine eindeutige Antwort auf die Frage, warum Sie beide zusammen sind. Doch das Gefühl, dass in seinem Leben ein unsichtbares Muster wirksam ist, kann seine Intuition und seine religiöse oder philosophische Haltung enorm verstärken und seine geistigen und spirituellen Horizonte stark erweitern. Vielleicht findet Ihr Partner die Beziehung manchmal unbequem, weil er sich der starken Gegenströmung unter der Oberfläche so deutlich bewusst ist; und vielleicht gibt er sich auch oft der Phantasie hin, in eine leichtere und weniger komplizierte Beziehung zu flüchten. Doch vermutlich braucht etwas in ihm die Herausforderung dieser Partnerschaft; denn sie kann ihm Wachstum auf vielen Ebenen bieten – materiellen und geistigen -, sie kann seine Blickweise vertiefen und die Grenzen seiner persönlichen Welt erweitern.

III. Welche tieferen Dinge die Beziehung in Ihnen berührt

1. Grundlegende Beziehungsstrukturen bei Ihnen

i. Dunkelheit und Tiefe

Was auch immer Weiblichkeit bewusst für Sie bedeuten mag, in Ihrem Inneren gibt es eine Vorstellung von der Frau als Seherin, Zauberin und manchmal rachsüchtiger Zerstörerin. Diese Vorstellung zeigt sich im Mythos am besten in den Göttinnen, die über die verborgene Seite des Lebens herrschen, z. B. in Persephone, der Königin der griechischen Unterwelt, und in Hekate, der Göttin der Magie und Zauberei. Es ist ein sehr mächtiges und geheimnisvolles inneres Bild der Weiblichkeit, dessen kreativste Eigenschaften eine tiefe Einsicht in das menschliche Wesen und die Fähigkeit sind, die verborgenen Tiefen unter der Oberfläche des Lebens zu sehen. Doch Tiefe und emotionale Intensität gehen bei dieser uralten, archetypischen Gestalt Hand in Hand: Beziehungen werden nicht auf die leichte Schulter genommen, und auch Geringschätzung und Verletzungen werden nicht vergessen. Medea, die rachsüchtige Zauberin, die erst ihre Rivalin und dann ihre eigenen Kinder tötet, ist die mythische Personifizierung der dunkleren Seite Ihres inneren Frauenbildes. In Bezug auf Ihr eigenes emotionales Wesen zeigt sich in dieser primitiven weiblichen Eigenschaft Ihre Fähigkeit zu lang gehegtem Groll und unerbittlicher Wut. Beides kann Ihr emotionales Leben mit Ihrem Partner vergiften, wenn Sie sich dessen nicht bewusst sind; es kann Sie auch sehr besitzergreifend und unfähig machen, Ihrem Partner sein Recht auf Selbstbestimmung innerhalb der Beziehung einzuräumen. Die Wut einer beleidigten Frau ist furchtbarer als alle

Schrecken der Hölle – eine treffende Bemerkung über die tückische Seite dieses machtvollen inneren Frauenbildes.

Vielleicht besaß Ihre Mutter große Tiefe und emotionale Intensität, auch wenn ihre Persönlichkeit dies während Ihrer Kindheit nicht vermuten ließ. Wahrscheinlich lebte sie auch mit sehr viel unterdrücktem Ärger und war deprimiert, weil ihre starken emotionalen Bedürfnisse zutiefst unerfüllt geblieben waren. Vielleicht hat sie diese Gefühle nie offen gezeigt, doch durch Ihre eigene große Empfänglichkeit für emotionale Stimmungen waren Sie sich in Ihrer Kindheit zweifellos vieler unbewusster Unterströmungen bewusst, die die übrige Familie nicht wahrhaben wollte. Dadurch misstrauen Sie vielleicht jetzt als Erwachsene Ihren emotionalen Tiefen, denn wahrscheinlich sind leidenschaftliche Hingabe und intensive Gefühle für Sie gleichbedeutend mit lebenslänglicher Frustration, Unglück und unerfüllten Sehnsüchten. Eine solch negative Vorstellung bringt Sie möglicherweise dazu, Ihr eigenes, reiches emotionales Leben zu ignorieren oder zu verleugnen. Doch wenn Sie die positive Leidenschaft und Intensität nicht ausleben, die ein Teil Ihres Wesens sind, ärgern Sie sich letztlich vielleicht darüber, dass Ihren Bedürfnissen nicht entsprochen wird – auch wenn Sie selbst es Ihrem Partner schwer oder unmöglich machen, auf diese Bedürfnisse einzugehen, weil Sie sie nicht zeigen und sie daher auch nicht von ihm bemerkt werden können. Wenn Sie verletzt oder beleidigt sind, können Sie eine äußerst unangenehme emotionale Stimmung erzeugen, die dem in nichts nachsteht, was Sie in Ihrer Kindheit bei Ihrer Mutter gesehen haben mögen. Aufgrund Ihrer beinahe unheimlichen Fähigkeit, die unausgesprochenen Bedürfnisse anderer zu erkennen, können Sie auch die Gefühle Ihres Partners so manipulieren, dass Sie die gewünschte emotionale Reaktion bei ihm erreichen. Je weniger Sie sich dieser Seite Ihres Wesens bewusst sind, desto größere Schwierigkeiten haben Sie wahrscheinlich in Ihrer Beziehung. Denn vielleicht erlebt Ihr Partner Sie allmählich als emotional übermächtig, zudringlich und besitzergreifend – auch wenn Sie selbst dies bei sich gar nicht so recht wahrhaben wollen.

In Ihrer inneren Vorstellung von Weiblichkeit steckt auch eine große emotionale Kraft. Dies ist eine seltene Begabung, denn damit können Sie viele tiefschürfende und magische Seiten des Lebens erfahren und genießen, die andere nie zu sehen bekommen. Doch wahrscheinlich konnte Ihre Mutter ihre eigene emotionale Stärke nicht anders ausdrücken als auf manipulative Art und Weise, und das hat möglicherweise Ihre Wahrnehmung Ihres eigenen inneren Reichtums verzerrt. Vielleicht haben Sie viele negative Vorstellungen und Assoziationen zu dieser komplizierten Seite der Weiblichkeit und haben vielleicht schon verschiedene Mittel und Wege versucht, um sie loszuwerden. Unglücklicherweise können wir uns aber nicht von dem trennen, was wir innerlich sind, und außerdem würde eine solche Trennung auch Sie unweigerlich einsam, frustriert und deprimiert machen. Ihre innere Welt ist so fruchtbar, farbenfroh und tiefgründig, dass Sie vor allem ihre Schönheit und ihren Wert anerkennen und schätzen müssen. Dann könnten Sie dies alles auch innerhalb Ihrer Beziehung zum Ausdruck bringen, ohne zugleich damit rechnen zu müssen, abgelehnt zu werden. Ihr Partner wird auf eine zuversichtliche Äußerung Ihres wachen Selbst viel eher eingehen als auf dunkle Stimmungen, denen ein unterdrückter Ärger zugrunde liegt. Nicht Ihre Leidenschaft und Tiefe könnten in Ihrer Beziehung zu Problemen führen, sondern Ihre unausgesprochene Wut. Was immer Sie in Ihrer Kindheit gesehen haben: Emotionale Intensität zieht nicht unweigerlich Ablehnung, Frustration und Depressionen nach sich.

2. Grundlegende Beziehungsstrukturen bei Ihrem Partner

i. Ein trauriger Denker

Was auch immer Ihr Partner bewusst als „männlich" definieren würde, in seinem Inneren gibt es ein merkwürdig körperloses Bild vom Mann als „logos" oder kreativem geistigen Prinzip, das durch seine Beziehung zu Ihnen sehr stark belebt wird. Durch dieses archetypische Bild wird das Reich der Ideen dargestellt, das am besten in solch ursprünglichen Himmelsgöttern wie etwa dem griechischen Uranos zum Ausdruck kommt, die zwar selbst unsichtbar sind, aber die Idee eines materiellen Kosmos entwerfen, bevor er erschaffen wird. Das mag ein eigenartig abstraktes Bild von Männlichkeit sein, und das Wort „abstrakt" ist hierbei in der Tat entscheidend – denn es fällt Ihrem Partner nicht leicht, auf der Ebene seines persönlichen Körpergefühls ein starkes Gefühl von Männlichkeit zu empfinden. Sehr viel eher wird sich seine Männlichkeit als Objektivität und Distanz sowie als eine Begabung im Umgang mit Ideen äußern. Das kann teilweise mit dem recht losgelösten und fernen Wesen seines Vaters zu tun haben, wie er es in seiner Kindheit erlebte, denn anscheinend verspürte Ihr Partner keine unmittelbare emotionale oder körperliche Verbindung zu seinem Vater als einem Modell der Männlichkeit.

Der „abwesende Vater", der im Mythos als unsichtbarer Himmelsgott dargestellt wird, deutet, positiv gesehen, auch auf einen überaus kreativen Ideenreichtum hin und lässt Ihren Partner zu einer umfassenden und irgendwie unkonventionellen Perspektive auf das Leben neigen. Wahrscheinlich ist er sehr offen für innovative Philosophien und Gedankensysteme, selbst wenn er dies im Gespräch mit anderen, bildlich gesprochen, in einer unscheinbaren Einkaufstüte versteckt. Außerdem hat er die Fähigkeit, von seiner persönlichen Situation Abstand zu nehmen und das umfassendere Muster herauszuarbeiten, das einer Sache zugrundeliegt. Dieser objektive Charakteranteil mag ihm manchmal auch das Gefühl geben, etwas isoliert zu sein und abseits zu stehen, denn während jedermann kopflos umherläuft und subjektiv reagiert, kann er hinter diesem vordergründigen Schauspiel das größere und weniger an die Person gebundene Muster wahrnehmen. Vielleicht beschäftigt er sich im Laufe seines Lebens mit Dingen, die mancher als exzentrisch bezeichnen oder dem „New Age" zuordnen würde. Doch das liegt nicht daran, dass er ein „Sonderling" wäre; vielmehr liegt es an seiner Fähigkeit, sich geistig von der Identifizierung mit der unmittelbaren materiellen Realität zu lösen und weiter in die Zukunft zu sehen als viele andere Menschen. Doch eben diese Objektivität kann Ihrem Partner auch Probleme in seiner Beziehung zu Ihnen bereiten. Denn wie der mythische Gott Uranos – und vielleicht auch wie sein eigener Vater – wertet er möglicherweise die instinktive Seite des Lebens ab oder ignoriert sie, indem er sich der klaren und unkomplizierten Stimmung der geistigen Welt zuwendet und vor einer direkten emotionalen Bindung an Sie zurückscheut.

Dem Gefühl der Unbeteiligtheit und Losgelöstheit vom Leben bei Ihrem Partner liegt vielleicht auch der Eindruck zugrunde, die „gewöhnliche" Welt sei bedrückend und würde ihn einschließen. Demgegenüber scheint das freie und grenzenlose Reich des Geistes eine unwiderstehliche Fluchtmöglichkeit vor den Verantwortungen des materiellen Lebens und den Schwierigkeiten einer tieferen Beziehung zu bieten. Das gleiche mag früher für seinen Vater gegolten haben, der sich vielleicht von seinen häuslichen und finanziellen Verpflichtungen belastet fühlte und dessen Schwierigkeiten in seinen Beziehungen zu anderen Ihrem Partner zeigten, dass solche Bindungen den Geist abtöten können. Umgekehrt ist auch denkbar, dass Ihr Partner zwanghaft versucht, sich mit den Strukturen der materiellen Welt zu identifizieren, weil sie ihm ein – wenn auch illusorisches – Gefühl der Stabilität und Verbundenheit mit dem Leben vermitteln. Doch wenn er das gesunde innere Gefühl seiner männlichen Identität auf diese Weise durch konkrete äußere Formen ersetzen will, erlebt er möglicherweise tiefe Frustrationen und muss sich an einem bestimmten Punkt gewaltsam wieder befreien. Eine gewisse Traurigkeit begleitet seinen gesamten Umgang mit der Außenwelt, weil er sein eigenes Gefühl innerer Isoliertheit auf diese Welt projiziert. Vielleicht muss er diese Gefühle verstehen und mit Ihnen teilen, denn nur durch den Trost einer menschlichen Beziehung kann er die Verletzungen einer einsamen Kindheit heilen.

Die recht melancholische Färbung der Weltanschauung Ihres Partners kann ihm eine tiefgründige und mitfühlende Einstellung zum Leben vermitteln, wie sie auch ein Dichter haben könnte. Wenn er sein Gefühl der Isoliertheit und Unbeteiligtheit in kreative Bahnen wie etwa Schriftstellerei, Malerei, Musik oder Schauspiel lenkt, kann ihm dies helfen, ein stärkeres Gefühl seiner inneren Identität als Mann und auch seiner Verbundenheit mit allen anderen Menschen zu entwickeln. Schließlich erschuf Uranos den Kosmos ja auch deshalb, weil es da oben im Äther recht einsam war – ein mythisches Bild für das kreative Potential, das mit der besonderen Art der Vision Ihres Partners auf das engste verknüpft ist. Doch er wird auch auf seine Neigung achten müssen, die Vergnügungen und materiellen Belohnungen des Lebens als letztlich unwichtig oder bedeutungslos anzusehen. Vielleicht ist die

Loslösung von jeglichem Verlangen seine stärkste Abwehrmaßnahme gegen die Angst, er würde nicht bekommen, was er will, wenn er zugibt, dass er es will. Diese Weltmüdigkeit kann ihn auch passiv und gleichgültig machen, so dass es ihm möglicherweise widerstrebt, sich auf Sie einzulassen. Vielleicht empfindet er zu viel für sein Menschheitsideal und zu wenig für seine eigene Menschlichkeit.

Die Objektivität, die ein Teil des inneren Männlichkeitsbildes Ihres Partners ist, kann vieles zu seiner Persönlichkeit beitragen, doch vielleicht gehen damit auch komplizierte Abwehrmechanismen einher, die seine Fähigkeit, sich in seiner Ganzheit auszudrücken, mehr behindern als fördern.

ii. Die Einsamkeit des Langstreckenläufers

Ein Teil der Getrenntheit vom Leben, die Ihr Partner möglicherweise empfindet, geht auf ein tiefes inneres Gefühl der Verletztheit oder des Verlustes zurück. Und das kann, ob er sich dessen bewusst ist oder nicht, dazu führen, dass er sich der Welt überdrüssig fühlt und in Bezug auf das, was er vom Leben und von seiner Beziehung zu Ihnen erwartet, recht resigniert ist.

Eigentlich verfügt er über eine große emotionale Einfühlsamkeit, die sich vielleicht neben der objektiven und intellektuellen Seite seines Charakters etwas unwohl fühlt. Es fällt ihm schwer, die Schmerzen anderer zu ignorieren, und es ist denkbar, dass er sehr viel Schmerz oder Enttäuschung im Leben seines Vaters sah und dadurch seine Fähigkeit, im Leben Dinge zu verändern und zu bekommen, was er will, recht negativ einschätzt. In mancher Hinsicht kann sich diese passive Eigenschaft auf sehr kreative Weise mit der eher unpersönlichen Seite seines inneren Männlichkeitsbildes verbinden. So wird Ihr Partner wahrscheinlich im Laufe seines Lebens sehr viel Zeit darauf verwenden, tief über die wichtigen Lebensfragen nachzudenken und eine Philosophie oder Weltanschauung entwickeln, mit deren Hilfe er mit der „Ungerechtigkeit des Lebens“ zurechtkommt. Doch anstatt schon aufzugeben, noch ehe er begonnen hat, muss er auch an sich selbst glauben und daran, dass er wirklich Erfüllung finden kann. Denn wenn er in seiner Interaktion mit Ihnen zu passiv und teilnahmslos wird, fühlt er sich vielleicht allmählich dominiert und machtlos und staut unweigerlich eine ganze Menge Ärger unter der Oberfläche seiner scheinbaren Gleichgültigkeit an. Und dann benutzt er seine Fähigkeit, sich von seinen

Gefühlen abzutrennen, vielleicht dazu, Sie zu dominieren oder sich an Ihnen zu „rächen".

Das starke Gefühl Ihres Partners, das Leben sei ungerecht, geht wahrscheinlich auf frühe Lebenserfahrungen und auf das zurück, was er vielleicht als das persönliche Unglück seines Vaters erlebte. Dieses Gefühl der Verletzbarkeit und des Ausgeliefertseins sitzt etwas unbequem neben den objektiveren und unpersönlichen Seiten seines Charakters. Da seine klare Vorstellungskraft ein geordnetes und verständliches Muster im Kosmos wahrnimmt, haben bestimmte Erlebnisse ihn einfach deshalb zutiefst verwundet, weil es für sie keine vernünftige Erklärung gibt. Keine spirituelle Philosophie, politische Ideologie oder psychologische Einsicht kann alles Unglück hinweg erklären, das sich im Leben der Menschen ereignet. Dieser Konflikt zwischen Vernunft und Erfahrung kann die Zurückgezogenheit Ihres Partners noch verstärken und es ihm sehr schwer machen, sich Ihnen ganz mitzuteilen. Wenn er sich bedroht oder unsicher fühlt, verlässt er sich vielleicht unbewusst auf seine Fähigkeit, sich von seinen Gefühlen abzukoppeln, um Schmerzen zu vermeiden. Das würde jedoch unweigerlich dazu führen, dass Sie die Schmerzen für ihn ertragen müssten, weil er Sie damit ablehnt. Ganz gleich, welche Ideologie oder Philosophie er annimmt: Wenn er damit ausgleichen kann, was ihm im Leben zugestoßen ist und was er dazu wirklich empfindet, wird er viele Wunden in seinem Inneren heilen und zu einer stärkeren Beteiligung an Ihrer gemeinsamen Beziehung finden.

So bietet Ihrem Partner sein inneres Männlichkeitsbild gleichzeitig ein großes Geschenk und eine große Herausforderung. Wenn unser Bewusstsein oder unsere Vorstellungskraft zunimmt – ganz gleich, in welchem Maß -, so ist dies notwendigerweise immer auch isolierend, weil es uns von den blinden, instinktiven Zwängen der Kollektivs trennt. In mancher Hinsicht wird Ihr Partner sich mit diesem wiederkehrenden Gefühl der Isolation abfinden und den Preis dafür bereitwillig zahlen müssen, wenn er sein Leben und Ihre gemeinsame Beziehung mit seinen Gaben bereichern will. Doch zugleich muss er auch lernen, menschlicher und verletzbarer zu sein. Sein Gefühl seiner Möglichkeiten als Mann beschränkt sich vielleicht zu sehr auf die geistige Ebene und hat keinen ausreichenden Rückhalt in seinem emotionalen und instinktiven Leben. Der mythische Himmelsgott Uranos verstieß seine Kinder, weil sie erdgeboren und daher unvollkommen waren. Und es kann sein, dass auch der Vater Ihres Partners ihm dies – aufgrund seiner inneren Konflikte – auf irgendeine Weise angetan hat, wie sehr er ihn auch geliebt haben mag. Wenn Ihr Partner übermenschliche Maßstäbe an Sie und an sich selbst anlegt, wird er damit unweigerlich großes Unglück verursachen. Doch wenn er seine hervorragenden geistigen Fähigkeiten äußern und zugleich Ihnen und sich selbst erlauben kann, menschlich zu sein und Schwächen zu zeigen, werden Himmel und Erde zusammenkommen, und alles wird sich für ihn erfüllen.

Printed by Books on Demand GmbH, Norderstedt / Germany